CATALOGUE

DE

TABLEAUX

Aquarelles, Dessins, Pastels

ANCIENS ET MODERNES

Par ou attribuées à

Boucher, Bruandet, Cals, Decamps, A. de Dreux Français, Lethierre, Raffet, Saint-Aubin, Challe, Charlet Gros, Leprince Latour, Ostade, Vernet, Valenciennes, etc.

ENVIRON 2,000 GRAVURES

En noir et en couleur, de toutes les Écoles

LE TOUT COMPOSANT

La Collection de M. H. L., Artiste Sculpteur

DONT LA VENTE AURA LIEU

HOTEL DROUOT, SALLE N° 8

Les Lundi 28 et Mardi 29 Novembre 1898, à 2 heures

COMMISSAIRE-PRISEUR	EXPERT
Mᵉ H. BERNIER	M. SIMONNOT
Rue Saint-Lazare, 11	*Rue de Maubeuge, 69*

EXPOSITION PUBLIQUE

Le Dimanche 27 Novembre 1898, de 2 heures à 5 heures 1/2

PARIS — 1898

IMPRIMERIE MAULDE ET RENOU

MAULDE, DOUMENC & Cie

IMPRIMEURS DE LA COMPAGNIE DES COMMISSAIRES-PRISEURS

Rue de Rivoli, 144

CONDITIONS DE LA VENTE

Elle sera faite au comptant.

Les acquéreurs paieront CINQ POUR CENT en sus des enchères.

L'exposition mettant le public à même de se rendre compte de l'état et de la qualité des Objets, aucune réclamation ne sera admise une fois l'adjudication prononcée.

ORDRE DES VACATIONS

Lundi 28 Novembre 1898

TABLEAUX, AQUARELLES, DESSINS

Mardi 29 Novembre 1898

GRAVURES ET SUITE DES DESSINS

MAULDE, DOUMENC et Cie, imp. de la Cie des Commissaires-Priseurs, rue de Rivoli, 144 250—77523

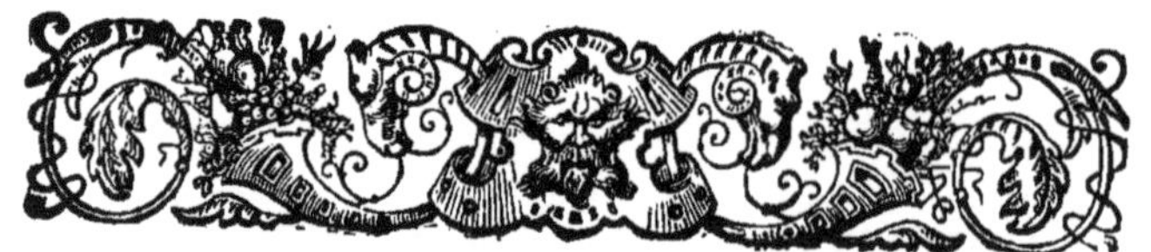

Désignation

TABLEAUX

1 — **Alix.** Peinture sur bois.

2 — **Bellangé** (Attribué à). Halte de soldat.

3 — **Backuisen.** Marine.

4 — **Battoni** (Pompéo). Danaé. Étude de raccourcis. Cachet de collection armoriée.

5 — **Bidault** (Xavier). Paysage.

6 — **Boilly** (L.). Portrait de Femme.

7 — **Boucher** (Attribué à). Diane au bain. Etude sur bois.

8 — **Boucher** (Attribué à). Les Buveurs de lait.

9 — **Breughel Jeune** (dit de Velours). Paysage.

10 — **Bruandet.** Paysage avec animaux.

11 — **Calo.** Portrait du compositeur Litz.

12 — **Calame.** Paysage.

13 — **Challe** (M.-Ange). Esquisse sur toile.

14 — **Cogniet** (Attribué à Léon). Le Pardon.

15 — **Court**. Tête d'étude pour le tableau intitulé *La Mort de César*.

16 — **Daubigny** (Attribué à). Paysage, sur bois.

17 — **David** (Louis). Tête d'étude.

18 — **David** (Louis). Etude d'Homme pour *Le Serment du Jeu de Paume*.

19 — **David** (Louis). Achille offrant des présents aux mânes de Patrocle.

20 — **Decamps**. Etude pour le *Josué arrêtant le Soleil*.

21 — **Decaisme** (Henri). Portrait d'Homme.

22 — **De Dreux**. Départ de Chasseurs.

23 — **Defaux** (A.). Paysage.

24 — **De Penne**. Étude de Chien.

25 — **Diaz** (Attribué à). Etude. Sous bois.

26 — **Diaz** (Attribué à). Etude de paysage.

27 — **Diaz** (Genre de). Personnages sous bois.

28 — **Delacroix** (E.). Ixion. Esquisse.

29 — **Delacroix** (Attribué à E.). Etude de Femme nue.

30 — **Delacroix** (Attribué à E.). La Vierge soutenant le Christ.

31 — **Delattre** (H.). Paysage.

32 — **Dughet** (Gaspar), Paysage.

33 — **Dupré** (Victor). Crépuscule.

34 — **Fragonard** (Attribué à). Junon. Cadre ovale.

35 — **Français.** Crépuscule.

36 — **Gabrielle de Vergy.** Son mari la condamna à manger le cœur de son amant. Elle consentit et dit : « Ce sera mon dernier repas ». Peinture sur toile. A été gravé.

37 — **Géricault** (Th.). Etude de cheval. Réplique.

38 — **Goya.** Un Brigand espagnol.

39 — **Grenier.** Tableau de genre.

40 — **Greuze.** Tête de Jeune Fille.

41 — **Hondekoeter.** Renard dans une basse-cour.

42 — **Houssot** (L.). Nymphes endormies.

43 — **Isabey** (Attribné à Eugène). Marine.

44 — **Janniot** (Louis). Tête de Femme.

45 — **Legrip** (J.). Pont sur la Meuse.

46 — **Lepoittevin.** Marine.

47 — **Lesueur** (E.). Tête de Moine.

48 — **Lesueur** (E.). Etude pour un des tableaux de la vie de saint Bruno.

49 — **Letellier.** Vue prise dans la campagne de Rome.

50 — **Lethièvre-Guillon.** Esquisse.

51 — **Lorrain** (Claùde). Villa italienne.

52 — **Marilhat** (P). Marine. Signé.

53 — **Omeganck** (Baltazar). Paysage flamand.

54 — **Picou** (Attribué à). Esquisse.

55 — **Prud'hon** (Attribué à). Portrait d'Homme, sur fond d'or.

56 — **Raffet.** Portrait d'Auguste Raffet en costume de l'Ecole spéciale militaire de Versailles.

57 — **Raphaël** (D'après). Deux Peintures sur soie.

58 — **Raphaël** (D'après). (Ecole Ombrienne). Maria, Mater Jesu. Sur fond or.

59 — **Rousseau** (Attribué à Th.). Paysage.

60 — **Rousseau** (Attribué à Th.). Etude de paysage. Sous verre.

61 — **Rousseau** (Attribué à Th.). Paysage.

62 — **Rousseau** (Attribué à Th.). Soleil couchant.

63 — **Rubens** (P.). Tête d'étude. Toile ovale.

64 — **Rubens** (Attribué à P.). Etude pour le tableau de *La Résurrection*.

65 — **Stella** (Attribué à Jacques). Agar.

66 — **Téniers** (D'après). Le Savetier.

67 — **Valbrun.** Italienne endormie.

68 — **Vander-Cabet.** Port de mer.

69 — **Van der Poël.** Intérieur de Ferme.

70 — **Vernet** (Attribué à Horace). Tête de Juif arabe.

71 — **Wouvermans.** Halte de cavalier près d'une auberge. Réplique.

72 — **École flamande.** Grand Paysage.

73 — **École flamande.** Portrait de Louis XVIII.

74 — **École flamande.** Peinture sur cuivre. Ovale.

75 — **École flamande.** Peinture sur bois : Suzanne et les Vieillards.

76 — **École florentine.** Peinture sur cuivre de la fin du xve siècle : Descente du Saint-Esprit sur les Apôtres.

77 — **École espagnole.** Peinture sur bois : La Sainte-Famille.

78 — **École italienne.** Vierge et Enfant.

79 — **École italienne.** Peinture sur cuivre du xviie siècle : Moine en prières.

80 — **École italienne.** Peinture sur parchemin : Saint François.

81. — **École italienne.** Tête de Vierge du xviie siècle.

82 — **École italienne.** Peinture sur cuivre : La Vierge avec l'Enfant Jésus. Du xviie siècle.

83 — **École italienne.** Peinture sur toile : La Vierge avec l'Enfant Jésus. Du xviie siècle.

84 — **École italienne.** Peinture sur porcelaine : Les Joueurs de Boules, d'après Carle Vernet.

85 — **École italienne.** Peinture sur bois : Tête de la Vierge. Fin du xve siècle.

86 — **École de Léonard de Vinci.** Le Christ couronné d'épines.

87 — **École de David.** — Académie d'Homme.

88 — **École anglaise.** — Portrait de jeune Homme du commencement du siècle.

89 — **École 1830.** — Etude d'arbres.

90 — **Lefebvre** (Charles). Grande Peinture décorative.

91 — **École de Lebrun.** Grande Peinture.

92 — **École du Titien.** Paysage.

93 — **École moderne.** Vue prise à Meudon.

94 — Neuf lots de Peintures sous le même numéro.

DESSINS, AQUARELLES ET PASTELS

95 — **Adam** (S.). Tête d'Enfant.

96 — **A. de Saint-Aubin** (Attribué à). Dessin à la sanguine.

97 — **A. de Saint-Aubin.** Vue prise dans les galeries du Colisée. (Signé.)

98 — **Allegrain** (Étienne). Dessin à l'encre de Chine.

99 — **Backuisen**. Marine.

100 — **Barbier** l'aîné. Tête de Faune. Dessin à la plume.

101 — **Barbier** l'aîné. Académie. Dessin à la pierre noire et à la sanguine.

102 — **Bonington** (Attribué à). Charles Ier et sa famille.

103 — **Bonington** (Attribué à). Deux Aquarelles.

104 — **Boizot**. Portrait de jeune Homme.

105 — **Boucher-Desnoyer**. Sanguine d'après Raphaël.

106 — **Bourgeois**. (C.). Paysage avec fabrique. Deux dessins.

107 — **Bouchardon** (Attribué à). Académie.

108 — **Bouchardon**. Académie. Dessin à la sanguine.

109 — **Bouchardon**. Dessin à la sanguine pour la suite intitulée les *Cris de Paris*.

110 — **Bouchardon**. Dessin à la sanguine.

111 — **Bergeret**. Repos de la Sainte Famille. Dessin au bistre.

112 — **Boilly**. Le Concert. Aquarelle.

113 — **Breughel**, dit de Velours. Paysage à la mine de Plomb. Collection Norblin.

114 — **Challe** (M.-A.). Vue des environs de Tivoli. (Signé.)

115 — **Chardin** (Attribué à). Dessin à la pierre d'Italie : Homme assis dessinant.

116 — **Charlet.** Un Dessin à la mine de plomb. (Signé et daté.)

117 — **Carrache** (A.). Étude à la sanguine.

118 — **Chasselat-Saint-Ange.** Aquarelle.

119 — **Cochin.** Portrait de Femme aux trois crayons.

120 — **Cogniet** (Léon). Étude d'Italienne. Rome, 1823.

121 — **Coste.** Une Composition au crayon noir rehaussé de blanc. (Signé.)

122 — **Coypel** (A.). Dessin à la sanguine et à la pierre noire rehaussé de blanc.

123 — **Daumier** (Henri). Un Croquis.

124 — **David** (Jules). Aquarelle : Pêcheuse au bord de la mer.

125 — **David** (Louis). Portrait d'homme rehaussé de blanc aux trois crayons.

126 — **Decamps**. Aquarelle. (Monogramme.)

127 — **De Machy.** Aquarelle.

128 — **De Brosse** (Jacques). Portail de l'église de Saint-Gervais, à Paris. Dessin à la plume et à l'encre de Chine.

129 — **Desfriches.** Deux dessins à la pierre noire. (Signé et daté 1762.)

130 — **Dughet** (Gaspard). Dessin à l'encre de Chine.

131 — **Delacroix** (Eug.). Le Temps. Composition pour un plafond. Dessin à la mine de plomb.

132 — **Delacroix** (Eug.). Femme orientale assise sur un divan. Dessin à la mine de plomb.

133 — **Delacroix** (Auguste). Aquarelle.

134 — **Deboissière** et **Wattelet.** Deux Dessins.

135 — **Dupendant.** Quatre Aquarelles.

136 — **Duvivier.** Deux Dessins.

137 — **Desrais.** Dessin au bistre.

138 — **Diaz.** Aquarelle : la Fée aux perles.

139 — **Deveria** (A.). Aquarelle : Mendiant à la porte d'une église.

140 — **Eeckhout-Gerbrandt.** Dessin au bistre.

141 — **Feury.** Le Billet de logement. Dessin au crayon noir rehaussé de blanc. Signé.

142 — **Flers.** Paysage au crayon noir.

143 — **Fragonard** (Honoré). Adoration des bergers. Dessin au bistre.

144 — **Fragonard** (Honoré). Le repos des colporteurs. Dessin à l'encre de Chine.

145 — **Fragonard** (Evariste). Portrait de Femme au crayon noir.

146 — **Fleury** (Robert-Tony). La Missive.

147 — **Flandrin** (H.). Composition en hauteur. Dessin à la mine de plomb.

148 — **Gallait** (L.) Famille malheureuse demandant l'aumône. Dessin au bistre rehaussé de blanc. Signé.

149 — **Gravelot.** Dessin à la plume et à l'encre de Chine.

150 — **Gudin.** Marine. Collection Mozin.

151 — **Girodet.** Neptune. Dessin au crayon noir.

152 — **Amphitrite.** Dessin à l'encre de Chine.

153 — **Gros.** Dessin de Napoléon Ier, à l'encre de Chine.

154 — **Granet.** Pèlerins au saint Sépulcre. Dessin au bistre.

155 — **Granville.** Dessin à la plume.

156 — **Giraud** (Charles). Danse à Grenade.

157 — **Gilir.** Deux Dessins dans le même cadre. Signé.

158 — **Grégoire** (Paul). Chantier de construction, à Toulon, 1781. Dessin à l'encre de Chine. Signé.

159 — **Guido** (Reni). Martyre de saint Pierre. Etude à la sanguine avec mise au carreau.

160 — **Heim** Attribué à). Académie de femme.

161 — **Huet** (Attribué à). Le petit Jardinier. Dessin à la sanguine.

162 — **Ingres.** Portrait de Cambronne.

163 — **Ingres.** Bélisaire demandant l'aumône. Dessin à la mine de plomb.

164 — **Ingres.** Portrait de Marie-Louise, au bistre.

165 — **Jacopo de Barbarix** (Attribué à). Saint Sébastien. Croquis à la sanguine et à l'encre de Chine,

166 — **Jollivet.** Dessin à la plume.

167 — **Kpabresko.** Attelage russe. Dessin à la plume et à l'encre de Chine.

168 — **Kerkhoff** (D.). Vue prise dans le pays des Gueldres. Dessin à l'encre de Chine. Marque de collection G. J.

169 — **Luna** (Charles de). Deux Aquarelles : Voltigeurs de la Garde. — Général et son État-Major.

170 — **Lebrun** (Attribué à). Dessin à la sanguine.

171 — **Lebrun** (Attribué à). Les Regrets mérités. Pastel.

172 — **Lajoue.** Dessin à la sanguine. Signé et daté 1776.

173 — **Lorrain** (Claude). Un Dessin gouaché.

174 — **Lorrain** (Charles). Dessin au bistre.

175 — **Lorrain** (Claude). Dessin à l'encre de Chine.

176 — **Leprince** (Attribué à J.-B.). Dessin à la plume et au bistre.

177 — **Leprince** (Attribué à J.-B.). Deux Dessins à la plume et à l'encre de Chine.

178 — **Lépine** (C.). Un Village. Aquarelle.

179 — **Lempereur.** Paysage à la plume et au bistre. Signé.

180 — **Lemoine.** Étude académique aux deux crayons.

181 — **Lasouquère.** Portrait d'Eugène Isabey. Signé.

182 — **Lesueur** (Eustache). Composition.

183 — **Lesueur** (Eustache). Études aux deux crayons.

184 — **Langlois de Sézanne.** Portrait de femme au pastel.

185 — **La Tour** (Attribué à Maurice-Quentin de). Portrait présumé de Mme Lenormand-d'Etioles. Pastel.

186 — **Marillier.** Dessin d'Illustration.

187 — **Marilhat** (Prosper). Aquarelle prise en Orient.

188 — **Marilhat** (Prosper). Femme orientale assise sur un divan. Dessin aux trois crayons. Signé.

189 — **Michallon.** Sept Dessins au crayon noir dans un même cadre.

190 — **Milliet** (P.). Soldat suisse du XVIe siècle.

191 — **Millet** (Francisque). Paysage avec personnages.

192 — **Millet** (J.-F.). La Tireuse de cartes. Dessin au crayon noir.

193 — **Moreau,** le Jeune. Fête nautique. Dessin à la plume rehaussé d'aquarelle.

194 — **Moreau.** Les Embarras de Paris. Dessin à la plume.

195 — **Moreau** (Louis, l'Aîné). Aquarelle.

196 — **Murillo** (Attribué à). Adoration des Bergers. Dessin à la plume et à l'encre de Chine.

197 — **Murillo** (Attribué à). L'Annonciation à la Vierge. Dessin à la plume.

198 — **Midy** (Adolphe). Aquarelle.

199 — **Muyden** (Van). Dessin au bistre. Signé.

200 — **Ostade** (D'après Van). Deux Compositions rehaussées.

201 — **Oudry.** Nature morte. Dessin à la pierre noire.

202 — **Parrocel.** Dessin à la sanguine.

203 — **Parrocel.** Étude de cheval. Dessin.

204 — **Parrocel.** Un Dessin à la sanguine.

205 — **Pascal** (P.). Aquarelle : Halte d'une caravane.

206 — **Pierre**. Tête de Vieillard à la sanguine. Cachet de collection du Prince Gérôme.

207 — **Pierre.** Huit Croquis, pages d'album au crayon noir.

208 — **Pillement** (J.). Dessin au bistre.

209 — **Pillement** (Jean). Paysage. Dessin à la pierre noire. Signé.

210 — **Pilon** (Germain). Dessin au bistre.

211 — **Primatice** (Le). Mort d'Hyppolite. Dessin à la plume et au bistre.

212 — **Ecole de Fontainebleau.** Dessin à la sanguine.

213 — **Prud'hon** (Attribué à). L'Amour et Psyché.

214 — **Raffet**. Etude de soldats.

215 — **Raffet**. Les Adieux de Fontainebleau et la Mort du Prince Poniatowski. Deux dessins au bistre.

216 — **Raphaël** (Attribué). Croquis à la sanguine.

217 — **Regnault** (Henri). Aquarelle : Un Marocain.

218 — **Ricci** (Sébastien). Saint Sébastien. Dessin à la pierre d'Italie.

219 — **Rosalbin.** Dessin au crayon noir sur papier bleu : La Fuite en Egypte.

220 — **Roehn** (Jean-Alphonse). Le Bain forcé. Grande aquarelle.

221 — **Robert** (Léopold). Aquarelle : Vœux à la Madone.

222 — **Robert** (Hubert). Paysage au crayon noir.

223 — **Robert.** Vue du Temple de la Sybille. Dessin.

224 — **Robert.** Ruines dans un paysage. Aquarelle.

225 — **Ruysdaël** (J.). Dessin à la plume.

226 — **Rubens** (Attribué à). Vulcain. — L'Agneau pascal. Deux dessins.

227 — **Rubens** (Paul). Première pensée de la grande descente de croix. Dessin au bistre et rehaussé de blanc.

228 — **Saint Ange**. Portrait d'Homme. Signé. Miniature.

229 — **Saint Ange**. Aquarelle : Petits Pêcheurs. Signé.

230 — **Sarazin**. Etude à la sanguine.

231 — **Soufflot**. Le Panthéon. Dessin à la plume et à l'encre de Chine.

232 — **Stodes.** Portrait de jeune homme à la sanguine. Signé.

233 — **Swebach** (Attribué à). Deux Dessins à l'encre de Chine rehaussés de blanc.

234 — **Trémollières.** Étude à la pierre noire rehaussée de blanc sur papier bleu.

235 — **Trisnolet.** Dessin aux deux crayons. Signé.

236 — **Troyon.** Dessin à la plume.

237 — **Valenciennes.** Deux grands Dessins aux deux crayons. Signés et datés.

238 — **Van Loo** (A.). Dessin à la plume et au bistre.

239 — **Van Dyck.** Dessin à la plume et à l'encre de Chine.

240 — **Vernet** (Joseph). Paysage à l'encre de Chine.

241 — **Vernet** (Joseph). Vue d'un port de mer. Dessin à l'encre de Chine.

242 — **Watteau** (Attribué à). Poncif.

243 — **Watteau** (Attribué à). Dessin à la plume.

244 — **Watteau.** Étude de jambes. Dessin à la pierre noire.

245 — **Waterloo** (Antoine). Un Dessin à l'encre de Chine.

246 — **Winant** (C.). Aquarelle. Vue d'un port de mer. Signé.

247 — **Prud'hon** (Genre de). Deux Dessins ronds à l'encre de Chine, sous le même numéro.

248 — Dessin à la sanguine du XVIIIe siècle.

249 — Dessin à la pierre noire : La Vierge et l'Enfant Jésus et Saint Jean-Baptiste.

250 — Tête d'Homme aux trois crayons.

251 — Sanguine d'après **Raphaël.**

252 — Composition de **Rembrandt.** Dessin à la plume.

253 — Gouache sur parchemin du XVIIe siècle : Baptême du Christ.

254 — Portrait de Femme. Fin Louis XVI.

255 — Aquarelle de l'**École anglaise.**

256 — **Rubens** (École de). Esquisse à l'essence sur papier préparé.

257 — Adieux d'Hector à Andromaque. Dessin et aquarelle.

258 — **Titien** (École du). Paysage à la plume.

259 — **École française** du XVIIIe siècle : Dessins de porte, forme ovale.

260 — Parchemin : Fleurs ; fin du XVe siècle. Cadre en bois sculpté.

261 — **École florentine.** Dessin genre de Michel-Ange.

262 — **École anglaise**. Aquarelle : Le Messager d'amour.

262 *bis* — **Cranach** (Lucas). Dessin à la plume.

263 — **Omeganck** (Balthazar). Un paysage hollandais à la plume et à l'encre de Chine. Deux cadres sous le même numéro.

264 — **École flamande**. Portrait de Charles Ier.

265 — Un portrait d'Homme attribué à **Devina.** — Un portrait de Femme attribué à Louis **David.**

266 — Feuille de Missel sur parchemin : Scène de la Passion. Daté de 1651.

267 — Dessin à la sanguine, de l'**École italienne**.

268 — Marsyas vaincu par Apollon. Dessin à la plume et au bistre.

269 — Onze lots de Dessins encadrés, de diverses Écoles, portant le même numéro.

270 — Quinze Dessins encadrés, sous le même numéro.

DESSINS EN FEUILLES

271 — **Dupendant**. Un Dessin et trois pièces.

272 — **Pintierichio**. Une Sanguine.

273 — **Regnault** (Henri). Un Dessin à l'encre. Monogramme.

274 — **Gilbert**, architecte. An XII. Halle aux blés Deux dessins.

275 — **Tiepolo, Flaxman, Carrache**. Trois Dessins.

276 — **Vanloo** (J.-B.). Étude d'après l'antique.

277 — **Fournier** (Baltazar). Deux Dessins.

278 — **Callot** (Attribué à Jacques). Deux Dessins.

279 — **Cauvet, Vogt, Penet**, etc. Sept Dessins.

280 — **École italienne**. La Circoncision. Dessin daté 1492.

281 — **David, Bouchardon, Natoire, Hervier** (Attribués à). Dessins.

282 — Sept lots de Dessins des diverses Écoles, sous le même numéro.

283 — Un lot d'Aquarelles, Gravures.

284 — Quarante et une pièces encadrées, sous le même numéro : Miniatures, Biscuits de Sèvres, Gouaches sur parchemin, Physionotrace, Gravures en couleurs, Dessins, etc.

GRAVURES ENCADRÉES

285 — **Alix.** D'après une médaille du cabinet des Antiques. Portrait ovale en couleur.

286 — Exécution de Louis Capet, seizième du nom, le 21 janvier 1793. Pièce coloriée.

287 — « Fils de saint Louis, montez au ciel. » Belle épreuve avant toute lettre, avec marge.

288 — Portrait d'un général de l'Empire. Gravure avant toute lettre, avec marge.

289 — Grande Gravure à l'eau-forte. Coloriée.

290 — **Aveline** (D'après Teniers). Le Musicien flamand.

291 — **Bartolini** (R.) (D'après Cosway (R.-A.). Pièce ovale en couleur : Infancy. Belle épreuve.

292 — **Bartolini** (D'après Benwell). Cupid' Disarm' d.

293 — **Bartolotti** (D'après HAMILTON). Pièce anglaise ovale.

294 — **Baudouin** (Gravé par E. DE GHENTA). La Nuit et le Soir. Deux pièces.

295 — **Berghem**. Animaux dans un paysage. Epreuve à l'eau-forte, éditée à Londres, avant toute lettre.

296 — **Bervic** (D'après MÉRIMÉE). L'Innocence.

297 — **Boisson** (D'après PRUD'HON). Choisir l'objet.

298 — **Bonnefoy** (D'après BOILLY). Honny soit qui mal y pense.

299 — **Boucher**. Pièce en couleur : Enfants au repos.

300 — **Bourgeois de La Richardière** (D'après GREUZE). Le Désir. Épreuve en couleur.

301 — **Carrache**. Saint Jérôme. Gravure à l'eau-forte, par le Maître.

302 — **Cavalli**, Napoléon le Grand. — Marie-Louise d'Autriche.

303 — **Callot** (Jacques). Les deux grandes vues de Paris. — Le Louvre et le Pont-Neuf. — La Tour et la porte de Nesle. Deux pièces. Très belles épreuves du 2e état, avant l'adresse d'Israël Silvestre. Petite marge.

304 — **Challion** (D'après Ang. KAUFMANN). Deux Gravures à la sanguine : Vénus présentant Hélène à Pâris, après le combat. — La Fuite de Pâris et d'Hélène.

305 — **Choffard** (D'après Touze). L'Oracle des Amans. 3e état.

306 — **Choubard** (D'après Evrard). Épreuve en couleur : Portrait de Louis XVIII.

307 — **Copia** (D'après Prud'hon). La Vengeance de Cérès.

308 — **David**. Amour d'Hélène et de Pâris. Épreuve en couleur.

309 — **Dardel** et **Tourcaty**. Quatre Pièces ovales en couleur : La Danse.— La Poésie épique. — Le Prix de la Beauté. — La Musique.

310 — **De Launay** (D'après Borel). J'y passerai.

311 — **De Launay** (D'après Rubens). Marche de Silène. Épreuve avant la dédicace.

312 — **Drevet** (D'après Coypel). Adrienne Lecouvreur. — **De Saint-Aubin** (Aug.) (D'après Le Noir). Le Kaim.

313 — **Descourti** (Charles) (D'après De Machy). Une Pièce ronde en couleur : Environs de Rome.

314 — **Delvaux** (D'après Isabey). Mariage de Napoléon. Épreuve avant le titre.

315 — **Duthé** (D'après Leroy de Liancourt). Je les destine à l'Amitié. — Comme elle est raisonnable. Deux pièces en couleur.

316 — **Dunkarton**. (D'après Guerchins). Gravure anglaise.

317 — **Edelinck** (Nicolas). Portrait du comte Balthazar Castiglione, d'après le tableau de Raphael. Belle épreuve.

318 — **Forster** (D'après Léonard de Vinci). La Vierge au bas-relief.

319 — **Galle**, graveur. Deux Portraits dans un même cadre. Belle épreuve.

320 — **Guélard** (D'après Huet). Le Lavement donné. — Le Tambour de basque. Deux pièces.

321 — **Greuze** (J.-B.) Pièce ovale en couleur.

322 — **Gror** (D'après Boilly). Deuxième Scène de voleurs.

323 — **Henriquel-Dupont** et **Mercuri** (D'après Paul Delaroche). Lord Strafford. — Jane Gray.

324 — **Henriquel-Dupont** (D'après Paul Delaroche). Motif central ; décoration de la salle de l'Hémicycle, à l'École des Beaux-Arts. Avant la lettre.

325 — **Ingres**. Lithographie de Delpech : Odalisque. Cette pièce, dessinée par Ingres, est de la plus grande rareté, la pierre ayant été brisée après quelques tirages.

326 — **Jubier** (D'après Huet) Les Pêcheurs. Épreuve en couleurs.

327 — **Legrand** (A.). Monseigneur comte d'Artois, lieutenant-général du royaume; Louis XVIII,

roi de France et de Navarre. Deux portraits en couleur.

328 — **Lecomte** (Narcisse) (D'après Raphael). Vierge et Enfant Jésus. Gravure avant la lettre. Belle épreuve.

329 — **Lecomte** (Narcisse) (D'après Solario). La Vierge au coussin vert. Épreuve avant toute lettre.

330 — **Lorieux** (D'après Kauffmann.) Veillez amants si l'Amour dort. — La Marchande d'Amours, d'après l'antique, par Batolozi. Deux pièces.

331 — **Maurin.** Portrait de Rembrandt et de sa femme. Lithographie.

332 — **Mariage.** Oh! je ne te manquerai pas. — Le petit fripon se glisse partout. Deux épreuves en couleur.

333 — **Maleuvre** (D'après Baudouin). Le Curieux.

334 — **Mécou** (D'après Sicardi). Oh! che Piacere.

335 — **Metzmacher** (D'après Raphael). Épreuve avant toute lettre.

336 — **Morel** (D'après Wicar). Épreuve avec les armes seulement,

337 — **Moreau** le jeune (D'après Baudouin). Le Coucher de la mariée. Épreuve ancienne.

338 — **Millet** (J.-F.). Une Gravure à l'eau-forte sur vélin.

339 — **Nerbé.** Familiarité dangereuse.

340 — **Nanteuil** (D'après Laurent du Sour). Marie Jeanne-Baptiste de Savoye, duchesse de Savoye, princesse de Piémont, reyne de Chypre, tutrice et régente.

341 — **Ostade** (Van). Épreuve à l'eau-forte, de premier état.

342 — **Petit** (D'après Boilly). Poussez ferme.

343 — **Pierron** (D'après Trinquesse). L'Irrésolution ou la Confidence.

344 — **Ponce** (D'après Fragonard). Le Pot au lait. Gravure de troisième état.

345 — **Piranési** (Dessiné par le cavalier Bernin, eau-forte). Adoration du Saint-Sacrement le jour de l'Avent par le Saint-Père ; chapelle Saint-Paul au Vatican.

346 — **Potrelle** (D'après Gérard). L'Amour en voyage. Six pièces en couleurs.

347 — **Prud'hon** (Dessiné et gravé par). Amours de Phrosine et Mélidore.

348 — **Prestel** (Catherine-M.). Pièce gravée d'après un dessin d'Albert Durer.

349 — **Reynold** (Gravé par Corbutt). Portrait de Femme. Gravure anglaise.

350 — **Ruotte** (D'après Gros). Son Altesse Impériale le prince Joachim, grand amiral de

France, grand-duc de Berge. Gravure en couleur.

351 — **Rembrandt**. Jésus guérissant les malades. Eau-forte.

352 — **Rembrandt**. La Petite Descente de croix. Eau-forte.

353 — **Rembrandt**. Deux petites Têtes à l'eau-forte.

354 — **Rembrandt**. Deux Eaux-Fortes sous le même numéro.

355 — **Ruet** (L.) (D'après Meissonier). Napoléon à cheval, gravure de premier état à l'eau-forte sur vélin.

356 — Engraved by P. **Simon**. Pinted by J.-R. **Smith**. Gravure anglaise (aquatinte). Rare. Pièce ovale.

357 — Engraved by J.-R. **Smith**, mezzotinto, engraver to His Royal Highness the Prince J. Walie. Pinted by G. **Engleheart**, Mrs Mills. En couleur. Rare.

358 — **Saint-Aubin** (D'après Sauvage). Portrait de la Famille royale.

359 — **Strange**. Portrait en pied de Charles Ier. Gravure anglaise.

360 — **Sprunglin**. Vue de la ville et des environs de Soleure. Côté du couchant. — Côté du levant. Deux gravures coloriées.

361 — **Swebach-Desfontaines**. Une grande Gravure en couleur.

362 — **Smith**. Pièce anglaise ovale en travers. Aquatinte.

363 — **Thouvenin**, sculpt., Ant° Allegri da **Coreggio**, pinxt. Les soins maternels. Gravure en couleur. Belle épreuve.

364 — **Teniers** (David). Le Joueur de Cornemuse. Eau-forte du Maître. Signé.

365 — **Watteau** (Antoine). Une Épreuve à l'eau-forte.

366 — **Vérité** (d'après Bouillon). Le Nid d'amour.

367 — **Vigneron**. Napoléon dans son cabinet de travail aux Tuileries. Lithographie.

368 — **Vermeulin** (C.) (D'après Van-Dyck). Maria Luissa de Fassès.

369 — Trois Pièces en couleurs dont une le portrait de La Fayette.

370 — Gravure anglaise, pièce ovale en couleur.

371 — Les trois Consuls avec le monogramme E. F. G. — Vénus d'après le tableau du Titien.

372 — Grande Estampe anglaise à la manière noire.

373 — Six lots d'Estampes encadrés.

ESTAMPES EN FEUILLES

DE DIFFÉRENTS GRAVEURS.

374 — Compositions de **Rubens.** Quatre Pièces gravées par ses élèves.

375 — Portrait par **Gemst.** — Portrait de Jouanes Cousturier, gravé par **Mabure** avant toute lettre. — Saint Sébastien, d'après le **Guide,** avant toute lettre. — Une Composition du **Titien.** Quatre pièces.

376 — **Bril** (Paul), **Carlo Losi, Gottzius, De la Belba,** etc. Huit pièces.

377 — **Augustin Vénitien.** Une pièce.

378 — Le Roman comique gravé par **Oudry.** Deux pièces. — Vénus et l'Amour, par **Duvivier.** — Une grande Composition, par **Subleyra.** — Une Composition de **Fragonard,** sur japon. Cinq pièces.

379 — **Lancret.** Le Faucon, avant l'adresse de Buldet. — Le Pâté d'anguille.

380 — **Pater.** La Courtisanne amoureuse, avec l'adresse de Larmessin, avant l'adresse de Buldet. — **Boucher.** Le Magnifique, de Larmessin. Deux pièces.

381 — **Boucher.** Deux Estampes. 1er état.

382 — **Malbeste.** Le Coup de vent. Il n'a été tiré que cent épreuves. Rare. — Deux Paysages, de **Lantara,** gravé par **Fessard.** Trois pièces.

383 — **Géricauld, Carle Vernet.** Vingt-six pièces, de chez GIHAUT et ENGELMANN. Quelques pièces avant l'adresse.

384 — **Pierre.** Le Galand Jardinier. — Le Messager fidèle, par **Lallie Halbon.** Deux pièces,

385 — **Millet** (François). Une Eau-forte.

386 — **Corn-Wisscher.** Trois Portraits. Grande marge.

387 — **Poussin** (Nicolas), **Mochette** (Alex.), etc. Dix-sept pièces.

388 — **De Bucourt.** Paul et Virginie. — Une Pièce en couleur, d'après VERNET. — Une Pièce de E. Glairont.

389 — **Fragonard.** Le Verrou. — L'Armoire. — Mlle Gérard. — Le Triomphe de Minette. — **Boucher.** Le Retour du Courrier. — **Le Clerc.** Une pièce. Six pièces.

390 — **Demarteau** (d'après BOUCHER, HUET, etc.). Trente-deux pièces.

391 — Le Barbier. — Guttemberg. — Couronnement de La Fontaine par Esope aux Champs-Élysées. — Grande Composition de Nicolas **Poussin,** les armes seulement avant le nom de artistes. — Tête d'étude au crayon, par **Prud'hon.** — Le Calvaire, d'après **Lebrun.** Quatre pièces.

392 — **De Boissieu.** Porte de Vaise à Lyon.

393 — Suite de seize planches : Les Vertus innocentes ou les Symboles sous des figures d'enfants, à Paris, chez MARIETTE.

394 — Composition pour l'illustration de la HENRIADE, avant toute lettre. Treize pièces.

395 — Monseigneur Darbois en cellule, à Mazas. Eau-forte. Rare.

396 — Six Pièces de différents graveurs.

397 — Composition de **Michel-Ange.** Dix pièces.

398 — **Pierre, Huet, Desportes, Vanloo,** etc. Neuf pièces.

399 — Suite de dix-neuf planches. **Hertel** (G.).

400 — **Carls, Lozi, Amiconi, Jules Romain, Grégori, Bonasone,** etc. Huit pièces.

401 — Un lot de Gravures en couleurs.

402 — Portraits gravés par **Edelinck, Mellan, Morin, Lubin.** Onze pièces. — Portrait du prince d'Orange-Houbraken, un portrait, par **Orsili.** Deux pièces.

403 — Composition de **Raphaël, Audran,** Quatre pièces. — Vingt pièces de différents graveurs.

404 — Escrimeurs, par **Taraval,** soixante-trois pièces, et **Prévost,** 13 pièces.

405 — **Drevet.** Deux Portraits. — Immaculée Conception de la Vierge. — Trois Eaux-fortes de **Rembrandt.** Six pièces.

406 — Portraits par différents graveurs. Vingt-une pièces.

407 — Dix Pièces gravées par **Desplaces.** Composition par **Huet.** Quarante pièces.

408 — Portraits par **Latour-Nattier, Restout,** etc. Dix pièces.

409 — Compositions de divers Maîtres flamands et hollandais. Vingt-six pièces.

410 — **Écoles diverses.** Dix pièces.

411 — **A. de Saint-Aubin.** Deux pièces d'après l'antique. — Une pièce par **Le Blond, Boucher**, etc. 10 pièces.

412 — Une Composition de **Caravage**, gravé par **Cunégo.** — Trois Compositions de **Hubert-Robert**, gravés par **Saint Non.** — Deux Compositions de **Van Orley.** — Un paysage gravé par C. **Varin**, avant le titre. 8 pièces.

413 — **Jeanrat**. La Place Maubert. — La Place des Halles. — **Bournière.** La Naissance de Henri IV. — **Pillement** fils. Piège tendu par l'Amour. 4 pièces.

414 — **École française**. 10 pièces.

415 — **Claessen.** Deux pièces d'après Rembrandt. — Une pièce gravée par **Fortier**. 3 pièces.

416 — **Boucher**. Différents graveurs. 7 pièces.

417 — Compositions de **Greuze**, par différents graveurs. 6 pièces.

418 — Antoine **Waterloo**, 6 pièces. — Van **Herman**, 3 pièces. — **Both**, d'Italie, 1 pièce. Total 10 pièces.

419 — Gravures anglaises, 29 pièces.

420 — Carle **Vernet**, 20 pièces. — 8 lithographies **Girodet-Bellangé, Delacroix**, etc.

421 — Estampes diverses **Charlet**, Ch. **Jacques**, etc. 25 pièces.

422 — **Ecole allemande. Diéterlin**, 13 pièces. — Edition originale de Nuremberg, XVIe siècle, Gaines. — Thermes par H. **Sambin**, 4 pièces. **Ecole lyonnaise.** Charles IX.

423 — Quatre Compositions de **Berghem**, gravées par **Visches.**

424 — **Angélico** (Fra). 6 pièces d'après REMBRANDT. — 2 pièces. FRAGONARD et autres, etc. En tout 17 pièces.

425 — Un lot de Portraits.

426 — Bible de Raphaël complète.

427 — Un lot de vignettes de l'École française. du XVIe siècle.

428 — Sous ce numéro, il sera vendu seize lots de gravures anciennes de différentes Écoles.

429 — 87 planches, Maîtres de toutes les Ecoles. — 69 planches, Sculpture antique.

430 — Lots : Six cartons gravures diverses.

www.ingramcontent.com/pod-product-compliance
Ingram Content Group UK Ltd.
Pitfield, Milton Keynes, MK11 3LW, UK
UKHW022006260726
13994UKWH00004B/1970

9 782329 347677